CE QUE DEVIENNENT
NOS MORTS

UNICURSAL

Copyright © 2017

Éditions Unicursal Publishers

www.unicursalpub.com

ISBN 978-2-924859-09-4

Première Édition, Samhain 2017

PAPUS

(Docteur Gérard Encausse)

CE QUE DEVIENNENT
NOS MORTS

UNICURSAL

UN MOT AU LECTEUR...

Mon vieil ami l'éditeur Henri Dangles a eu l'excellente idée de publier une nouvelle édition — la troisième — de l'une des brochures posthumes de notre grand et regretté PAPUS (Docteur Gérard Encausse).

Mobilisé comme médecin-chef d'une ambulance, en 1914, mon cher père se dépensa sans compter auprès des blessés pendant les mois qu'il passa au front. Ce fut d'ailleurs pendant cette période de son existence terrestre qu'il écrivit les pages, si émouvantes et consolantes à la fois, qui suivent...

Comme on le sait il fut victime de son dévouement et, gravement malade, dut revenir ultérieurement à Paris où, le 25 octobre 1916, il mourut âgé de seulement 51 ans.

Séchons nos larmes, écoutons cette grande voix d'outre tombe et, de tout cœur, remercions celui qui, pour bien des humains, fut et reste un guide, un ami, un consolateur, un Maître dans toute la pure et belle acceptation du terme.

Docteur Philippe Encausse
(25 octobre 1962)

INTRODUCTION

Dans les douceurs de la paix, quand l'existence coule tranquille et sans angoisse, le phénomène de la mort est un accident auquel on pense le moins possible.

Mais quand un cataclysme social comme la guerre vient brusquement enlever non seulement la fleur de l'humanité dans les armées, mais aussi de pauvres femmes et d'innocents enfants surpris par l'invasion ou le bombardement, ou brusquement engloutis dans un acte de piraterie inconcevable pour un cerveau normal, alors la Mort devient un problème captivant et qui mérite une étude sérieuse et approfondie.

Toutefois, les recherches relatives à ce phénomène si important pour l'humanité ont été abandonnées à des groupes opérants généralement avec des idées préconçues.

Pour les matérialistes, la Mort est une disparition totale de l'individu suivie d'une transformation physique et chimique de ses éléments constituants.

Pour le religieux, la mort est la remontée vers ce paradis énoncé par tous les croyants.

Entre ces deux écoles extrêmes se constitue peu à peu et avec bien de la difficulté une école expérimentale, qui s'efforce d'étudier le problème de l'après-vie comme tous les problèmes courants de biologie ou de psychologie transcendantale.

L'auteur voudrait, dans cet opuscule, faire ses efforts pour exposer aussi impartialement que possible les divers aspects de cette question d'après toutes les Ecoles. Mais l'auteur ne cache pas que, personnellement il est convaincu de la survivance de l'être humain au delà de la mort, et de la possibilité, dans certains cas, d'établir un rapport entre le plan où vit le « mort de la Terre » et le plan où pleurent et souffrent les habitants de ladite Terre.

Cette déclaration faite afin de ne pas laisser considérer ce travail comme la compilation d'un sceptique, l'auteur fera tous ses efforts pour ne froisser aucune opinion et pour présenter du mieux possible les arguments qu'il estime les plus clairs et les plus scientifiquement établis.

LA FORTERESSE FAMILIALE

Pauvres êtres, aujourd'hui désespérés, vous aviez construit avec patience votre nid social! Grâce à vos privations, le fils était assuré de la tranquillité de sa vie matérielle, votre fille, élevée dans les bons principes, avait une dot sérieuse qu'elle gérait elle-même avec intelligence...

Votre petite forteresse sociale et familiale était égoïstement protégée contre tous les risques. Valeurs à lots, assurances multiples, immeubles de bons rapports, tout contribuait à éloigner de vous ces heures d'angoisses dans lesquelles se débattent les artistes imprévoyants, les petits employés et les besogneux de toute espèce.

Mais brusquement le coup de tonnerre est venu: La guerre! Votre fils, qui venait d'obtenir son diplôme d'architecte, est parti bravement comme sous-officier. C'est un Français. Votre gendre, marié depuis six mois à peine, est parti comme soldat d'infanterie...

Et la forteresse familiale a disparu, et les heures d'angoisse ont commencé. C'est alors que les femmes, la Mère et la fille, se sont révélées dans tout l'épanouissement de leur cœur. Elles ont aidé les autres femmes plus malheureuses qu'elles matériellement, mais non moralement, car l'angoisse étreint pareillement toutes celles qui ont un des leurs... là-bas.

Et les jours se sont succédé, coupés par de rares nouvelles des combattants...

Puis les lettres du fils se sont brusquement arrêtées. Vos chers envois sont revenus avec la mention « Ce paquet n'a pu joindre le destinataire ». Puis une nouvelle officielle brève : le sergent X... est porté « Disparu » à telle date, en tel endroit...

Le calvaire commence alors : recherche des camarades pouvant fournir un détail quelconque, vous savez qu'on l'a vu tomber, blessé à la tête de sa section... Le silence en réponse à toutes vos démarches... Les hypothèses folles hantent nuit et jour votre imagination.

Enfin, pour tout achever, nouvelle officielle de la mort de votre gendre, juste le lendemain du jour où sa femme lui annonçait une naissance prochaine, et tous les trois vous vous trouvez face à face avec deux terribles puissances : le Destin, implacable et inconnu, la Mort...

Que deviennent tous les petits calculs humains, toutes les petites combinaisons calmes de la vie courante, devant l'apparition dominatrice de ces forces auxquelles on ne pensait jamais ?

L'individu a disparu devant la collectivité. La famille a disparu devant le social, et chaque atome humain a été désorbité pour devenir une cellule de défense de la Patrie en danger...

Pourquoi cet implacable destin ?

Que deviennent nos morts ?

C'est ce que nous allons maintenant demander à ceux-là que ces questions passionnaient déjà avant la guerre.

Chaque division de notre étude, correspondra à une des parties du sphinx antique, l'Homme, le Lion, le Taureau.

LE SPHINX DE GIZEH
(tel qu'il était en 1886)

« Au pied des pyramides de Gizeh veille le Sphinx, gardien de l'enceinte sacrée. Le temps et les injures des hommes l'ont bien mutilé, le nez et la barbe ont été brisés. »

(A. de Montgon : L'Egypte.)

CHAPITRE Ier

SECTION DE L'AIGLE

———————

L'Intuition féminine. — L'Idéal.

I.

L'Intuition féminine. — L'Idéal.

Le cerveau raisonneur et sceptique de l'homme a besoin d'arguments secs, précis et appuyés sur des faits.

Mais pour vous, mères, épouses, sœurs qui pleurez un cher disparu, cette argumentation est inutile.

Votre intuition suffit.

Gardiennes des forces les plus subtiles de la Nature, quelque chose réside en vous, qui parle plus clairement et plus haut que tous les raisonnements compliqués des hommes.

Vous sentez et vous savez que les « chers morts » sont là autour de vous. Ils viennent en un songe trop peu souvent renouvelé embrasser la mère ou l'épouse aimée... le petit enfant que les forces terrestres n'ont pas encore accaparé tout à fait, vit aussi « sur deux plans » et il aperçoit à l'état de veille le « papa soldat » que la mère pleure en cachette !

Hallucinations, troubles nerveux, folies, dit le savant... Mais la femme sait bien que ce sont là des réalités plus hautes que les réalités terrestres.

Le chien malade lâché dans la campagne trouve l'herbe nécessaire à sa guérison, et pourtant la pauvre bête n'a perdu son temps dans aucune école. Mais une force circule en lui, plus infaillible que la science de beaucoup d'humains, et cette force, c'est l'intelligence de la Nature que le profane appelle : Instinct.

Or, vous êtes les gardiennes sacrées de cette intelligence formatrice de la Nature, Ô femmes, dans toutes les classes sociales...

Ecoutez donc au fond de votre cœur le murmure de cette voix mystérieuse qui n'est perceptible que pour vous...

Rappelez-vous que la même voix enchanta jadis votre cœur de jeune fille quand le fiancé vous parlait pendant les longues et inoubliables promenades.

Puis, quand le petit enfant est né, avant même qu'il pût parler, la douce et mystérieuse voix se fit encore souvent entendre...

Et maintenant, au plus profond de la douleur, la voix crie encore : Non, mère, ton fils n'est pas disparu sans recours... Le créateur c'est le Père Divin et un Père n'est jamais un bourreau.

Il est tombé pour *tous les autres* et par là il est devenu une des lumières des cieux invisibles... Un rideau le sépare de toi et ton amour saura faire lever ce rideau... Courage, femme écrasée par la douleur, espère, prie et garde pour toi seule les paroles de la voix...

Que ton cœur se ferme aux profanes et aux profanateurs, renvoie les savants et les sceptiques à leurs études... et toi appelle le cher disparu, prie ceux qui sont là-haut de t'éclairer, et la douce Vierge de lumière étendra sur toi son voile de pourpre céleste et d'or astral... et derrière ce voile tes chers morts te souriront et te béniront.

Femmes de la Terre, glorieuses ou crucifiées, soyez bénies, comme vous le méritez !

C'est à vous que je fais appel tout d'abord, ô femmes qui avez perdu un être cher : fils, mari, ou parent proche, c'est à vous dont l'intuition n'a pas été déformée par la science incomplète du siècle que je m'adresse. N'est-ce pas que vous savez bien que l'être aimé n'est pas disparu pour toujours? N'est-ce pas que vous sentez la vérité de l'information de toutes les religions de la Terre et surtout de la vôtre, quand elles vous disent que la Mort n'est qu'une transformation momentanée?

Vous avez la certitude au fond de votre être que vous reverrez le disparu d'autant plus sûrement qu'il s'est volontairement sacrifié pour sa Patrie.

Et cette intuition mystérieuse est le relief de la vérité même, le disparu a changé d'état, mais il est toujours lui même plus élevé encore que son sacrifice. Il est toujours lié aux êtres demeurés sur Terre par l'Amour qui est impérissable, un simple rideau l'en sépare et ce rideau peut parfois être levé.

Que votre cœur se calme donc, que l'angoisse douloureuse abandonne votre être, et soyez confiante et forte, femmes que la Nature a élue pour conserver ses formes les plus précieuses et ses germes les plus secrets. Séchez vos larmes, car celui que vous pleuriez n'est pas loin. Il est comme un voyageur cheminant dans une contrée nouvelle et ne pouvant encore communiquer facilement avec ceux qui sont restés... là bas.

Cherchez dans le calme de l'Esprit à percevoir le rayonnement de son amour. Sentez bien comme il entoure de sa présence ses petits enfants et tous ceux qu'il a laissés. Demandez ardemment aux Etres plus élevés que nous de vous assister. Priez selon le rituel de votre Religion et alors il vous sera peut-être donné de recevoir dès ici bas le disparu, car la Mort n'a pas plus de terreur pour qui connaît les Mystères et n'est alors qu'un simple changement où la Terre reprend le corps qu'elle avait prêté à l'Esprit pour une existence et où ces Esprit, libéré et revêtu d'un nouveau corps plus subtil, évolue dans un nouveau plan.

Priez donc, et le voile se lèvera pour vous.

Nous allons maintenant nous efforcer de vous expliquer tous ces termes : *Esprit, corps subtil, Plan* et plus tard nous reprendrons cette explication pour les cerveaux fermés des hommes raisonneurs et sceptiques. Que ceux-là considèrent pour le moment ces pages comme une douce rêverie, elles ne sont pas écrites pour eux...

CHAPITRE II

SECTION DE L'HOMME

———

Constitution de l'Être humain. — La mort et l'évolution des trois principes. — Le cerveau humain et son évolution. — Les sceptiques devenus croyants.

I.

Constitution de l'Être humain.

Il serait impossible de comprendre quelque chose à ce que nous dirons des transformations de l'être humain après la mort, si nous ne disions pas dès maintenant sa constitution pendant la vie. Bien entendu, nous n'entrerons dans aucun détail concernant la démonstration de nos dires, puisque de gros volumes sont consacrés par une foule d'écoles à cette question.

Pour être clairs, ce qui est notre but principal, nous rappellerons que l'être humain était considéré par les anciens initiés comme réunissant pendant la vie terrestre trois principes ou éléments de constitution :

1° Le Corps physique, prêté par la Terre pour une existence, et rattaché à cette terre par les aliments au moyen desquels elle pourvoit à la croissance, puis à l'entretien de ce corps physique.

2° La Vie, qui est comme une étincelle jaillissant entre les deux pôles de constitution de l'Homme : le Corps en bas, l'Esprit en haut. La vie est rattachée par la Respiration à l'atmosphère terrestre, et l'atmosphère terrestre est rattachée à la Lumière du Soleil qui la dynamise. La respiration rattache donc l'homme aux forces émanées des Astres, dont le Soleil est le centre de direction.

Aussi la Vie a-t-elle reçu une foule de noms qui embrouillent bien le pauvre débutant en ces études. Saint Paul l'appelle l'âme *(Corpus, Anima et Spiritus)*, les Ecoles spirites l'appellent le périsprit ; les Occultistes le corps Astral... et nous n'en finirions pas s'il fallait citer les noms hébraïques, égyptiens, chinois, sanscrits, donnés à ce principe de la Vie qui a intéressé tous les chercheurs.

3° L'esprit immortel, rattaché par l'Intuition, la Sensibilité et la Volonté aux forces du Plan invisible.

Pendant la Vie terrestre ces trois principes sont intimement unis les uns aux autres. L'esprit se libère pendant le sommeil et laisse la Vie nettoyer le corps et faire marcher les organes qui dépendent directement de la Vie organique.

Résumons : trois principes constituent l'Homme incarné :

Le Corps physique, la Vie, l'Esprit.

Le Corps physique rattaché à la Terre, la Vie rattachée aux astres, à la vie universelle, l'Esprit rattaché aux Forces supérieures et au Plan divin.

Laissons de côté toutes les analyses de ces Principes constituants en sept, neuf ou vingt et un éléments. Cela ne change rien à la question et ne fait qu'embrouiller des choses bien claires.

Qu'arrive-t-il de nos trois principes au moment de la Mort ?

L'étincelle vitale s'éteint et la vie, ou mieux la force vitale, se groupe en deux pôles :

a) Une partie, la plus lumineuse, reste autour de l'Esprit et forme le char astral, le char de l'âme (Pythagore), le corps subtil qui enveloppe l'esprit dans le plan des Astres ;

b) Une autre partie, la plus obscure, reste dans le corps physique devenu cadavre.

Le cadavre retourne à la terre, comme un habit usé retourne chez le fripier. Les mites peuvent détruire l'habit, comme la terre peut reprendre son bien à son gré, mais ce cadavre n'est rattaché que par un lien très subtil à l'Esprit qui l'habitait.

Ce n'est pas au cadavre qu'il faut rendre un culte, c'est à tout ce que l'être disparu a laissé d'amour et de pensées sur la Terre.

Enfin l'Esprit garde sa personnalité complète. Le choc du passage d'un plan à l'autre obscurcit bien ses facultés pendant un moment, mais il est entouré de tous les siens partis avant lui, s'il est mort pour la collectivité, il est de plus aidé par des êtres spirituels qui le délivrent de toute souffrance possible, et, s'il faut pleurer sur quelqu'un, c'est, certes sur les pauvres aveugles de la terre et non sur cet esprit libéré par le sacrifice et illuminé par l'offrande de sa vie terrestre en vue de sauver la collectivité de sa Patrie.

Tel est l'enseignement des Sanctuaires depuis plus de sept mille ans. Cette existence personnelle après la vie terrestre, tous les initiés en étaient sûr, parce qu'*ils l'avaient vécue* expérimentalement. L'initiation aux mystères d'Isis n'avait pas d'autre but, dans sa partie élémentaire, et, l'initiation à tous les Mystères dans tous les pays avait le même objectif.

En sanscrit on nomme « Dwidja » ou « vivant sur les deux plans » celui qui connaît pratiquement ces vérités.

C'est donc par suite d'un arrêt dans les études scientifiques ou d'une déformation de ces études que certains cerveaux ont pu croire de bonne foi que tout devenait dans l'homme, choux, carottes ou fleurs sauvages après la mort.

La Nature est la plus méticuleuse des avares et elle n'aurait pas passé des siècles à faire évoluer un cerveau humain, pour annihiler en une minute l'effort lent et progressif de tant d'années.

L'esprit humain survit à la mort physique et tout nous conduit à vérifier cette affirmation.

II.

La Mort et l'Évolution des Trois Principes.

Nous n'avons pas tous été en Chine et cependant nous ne doutons pas de l'Existence effective de ce pays, parce que nous avons confiance dans les voyageurs qui en reviennent et qui nous en parlent, et dans une foule d'autres preuves qui nous donnent la certitude que la Chine existe.

Mais dès qu'il s'agit des autres plans d'existence, notre certitude est bien moindre. Les sceptiques disent: personne n'est jamais revenu dire ce qui se passe là-bas... Et les sceptiques ont tort, car certains des pâles voyageurs sont revenus nous parler... Et puis tout ce qui touche à ce plan d'une nouvelle existence dans un autre corps que le physique fait peur aux cerveaux mal préparés à la conception calme des réalités, quelles qu'elles soient, et l'on se dit: quand j'y serai, je verrai bien.

Par contre, ceux qui sont encore dans le plan physique, ceux qui sont encore dans le plan physique, ceux qui restent de ce côté pendant que les êtres chers sont partis, voudraient savoir... voudraient avoir de minutieux détails et c'est pour ceux-ci que nous écrivons ces pages.

Sachons d'abord que si, pour un savant initié aux antiques mystères d'Egypte, les phases de la Mort étaient aussi connues que celles de la Naissance pour un Médecin, puisque l'initiation consistait justement à se rendre compte pratiquement de ces phases; pour un cerveau contemporain, il en est tout autrement.

Les sciences psychiques sont en phase de constitution au point de vue des corps scientifiques dits « sérieux ». Certains spécialistes des Académies voués à ces recherches admettent qu'il y a « quelque chose », mais sans aller jusqu'aux affirmations des Spirites ou des Occultistes.

Nous tenons donc à bien poser dès maintenant le caractère de notre travail et dire que certaines de nos affirmations dérivent de nos expériences et de nos études personnelles, bien que nous ayons la certitude que tout cela sera « scientifique » dans vingt ans, comme c'était scientifique vers l'an 2.600 avant J.C.

Le phénomène de la mort nous apparaît, au point de vue purement physiologique, comme caractérisé par les faits suivants :

1° Rupture de l'équilibre des forces qui produisaient l'étincelle vitale ;

2° Dédoublement de l'être humain en deux sections :

a) le cadavre

b) un autre corps plus subtil que le cadavre et qui se dégage de ce dernier ;

3° Manifestation possible et évolution des facultés intellectuelles restées dans ce second corps fluidique, après le choc forcé causé à ces facultés par le phénomène de la Mort...

III.

Le Cerveau humain et son Évolution.

Le cerveau humain est un organe qui évolue comme tous les autres organes. Il digère les idées et personnalise des pensées, comme l'estomac digère des aliments et les prépare à former de la substance humaine personnalisée.

Il y a des cerveaux de tout âge chez des hommes d'âge différent : un homme de soixante ans qui n'a jamais utilisé ses facultés intellectuelles peut avoir un cerveau de dix ans, tandis qu'un artiste de vingt ans qui a déjà souffert et qui a créé sa personnalité à travers les épreuves peut avoir un cerveau de cinquante ans. Il y a des cerveaux qui rayonnent et d'autres qui absorbent.

Enfin, il y a différents stades dans le développement des fonctions du cerveau :

Tout d'abord, l'être humain ne se différencie de la masse : il croit ce qu'on lui dit de croire, il ne mûrit pas une nouvelle digestion d'idée qu'on lui sert toutes prêtes. Si l'enseignement qu'il a reçu est religieux, il croit aux idées religieuses ; si, au contraire, l'enseignement primitif est irréligieux et prend sa source dans les journaux à tendances démagogiques ou dans les feuilletons dits populaires, alors cet être ne croit à rien en dehors de la vie matérielle et de son amélioration par « la lutte des classes ». Nous ne critiquons rien, nous constatons.

Au second stade du développement cérébral commence la création de la personnalité intellectuelle.

L'individu nie d'abord tout ce qu'il a appris dans le premier stade. S'il a été élevé dans un milieu croyant, il devient tout à fait incroyant, et il n'est réellement capable d'évoluer que lorsqu'il est devenu entièrement matérialiste et athée.

C'est au sein de cette noirceur cérébrale, de cette négation de tout acquis antérieur que sortira plus tard la rouge croyance raisonnée et personnelle. Mais il faut auparavant que le cerveau s'organise et traverse les phases de : doute, négation, matérialisme, puis positivisme, création d'un système personnel, et enfin : croyance raisonnée et dérivée des faits et des pensées individuelles.

Le matérialiste sent parfaitement que son cerveau est plus évolué que celui du croyant du début, mais le matérialiste se figure qu'il est aussi plus évolué que le croyant par création personnelle, et c'est là son erreur.

Pour se rendre compte de l'existence effective de ces différents stades d'évolution cérébrale, il suffit de lire avec soin la vie d'Auguste Comte, le créateur du positivisme, qui est devenu mystique à la fin de ses jours, par évolution normale du cerveau et cela au grand scandale de ses disciples, restés en route, qui l'ont cru fou.

IV.

Les Sceptiques devenus Croyants.

Il existe toute une bibliothèque de volumes consacrés au problème que nous ne faisons qu'esquisser ici.

Dans une excellente brochure *L'au-delà et la survivance de l'être*, l'auteur, Léon Denis [1], bien connu de tous les psychistes, écrit à propos des sceptiques devenus croyants quelques lignes que nous nous faisons un plaisir de citer en renvoyant le lecteur à l'ouvrage entier :

« N'est-ce pas là une chose singulière ? Jamais peut-être on n'avait vu un ensemble de faits, considérés d'abord comme impossibles, dont l'idée ne soulevait dans la pensée de la majorité des hommes que l'antipathie, la méfiance, le dédain, qui étaient en butte à l'hostilité de plusieurs institutions séculaires, finir par s'imposer à l'attention et même à la conviction d'hommes instruits, de savants compétents, autorisés par leurs fonctions et leur caractère.

« Ces hommes d'abord sceptiques, en sont venus, par leurs études, leurs recherches, leurs expériences, à reconnaître et à affirmer la réalité de la plupart des phénomènes spirites.

« Sir Williams Crookes, le plus grand physicien des temps modernes, après avoir observé pendant trois ans les matérialisations de l'esprit

---

1   Léon Denis. *L'Au-delà et la survivance de l'Être.* Paris, Durville, 1912. In-18.

de Katie King et les avoir photographiées, a déclaré : Je ne dis pas : cela est possible, je dis : cela est.

« On a prétendu que W. Crookes s'était rétracté. Or, il a répondu lui-même à cette insinuation dans son discours d'ouverture au Congrès de Bristol, comme président de *l'Association britannique pour l'avancement des sciences*. Parlant des phénomènes qu'il a décrits, il ajoute :

« Je n'ai rien à rétracter, je m'en tiens à mes déclarations déjà publiées. Je pourrais même y ajouter beaucoup.

« Russel Wallace, de l'Académie Royale de Londres, dans son ouvrage intitulé : *Le Miracle et le moderne spiritualisme*, a écrit : « J'étais un matérialiste
« si parfait et si éprouvé que je ne pouvais, en
« ce temps trouver place dans ma pensée pour
« la conception d'une existence spirituelle... Les
« faits, néanmoins, sont choses opiniâtres : les
« fais m'ont vaincu. »

« Le professeur Hyslop, de l'Université de Columbia, New–York, dans son rapport sur la médiumnité de Mrs. Piper entrancée, à dit :

« À en juger d'après ce que j'ai vu moi-même,
« je ne sais comment je pourrais me dérober à la

« conclusion que l'existence d'une vie future est
« absolument démontrée »

« F. Myers, professeur à Cambridge, dans son
bel ouvrage : *La Personnalité humaine* [2], en arrive à
cette conclusion : « Que des voix et des messages
« nous reviennent d'au delà de la tombe ».

« Parlant de M. Thompson, il ajoute : « Je
crois que la plupart de ces messages viennent
d'esprits, qui se servent temporairement de l'organisme des médiums pour nous les donner. »

« Richard Hodgson, président de la *Société
américaine de recherche psychiques*, écrivait dans les
Proceeding of Society Psychical Research : « Je crois,
« sans avoir le moindre doute, que les communi-
« cants spirites sont bien les personnalités qu'ils
« disent être ; qu'ils ont survécu au changement
« que nous appelons la mort, et qu'ils ont com-
« muniqué directement avec nous, les soi-disant
« vivants, par l'intermédiaire de l'organisme de
« Mme Piper endormie. »

« Le même Richard Hodgson, décédé en décembre 1906, s'est communiqué à son ami James
Hyslop, entrant dans des détails minutieux au su-

---

2   *Paris, Alcan. 1905. In-8°.*

jet des expériences et des travaux de la Société
des Recherches psychiques. Il explique comment
il faudrait les conduire de manière à prouver son
identité [3].

« Ces communications sont transmises par
différents médiums qui ne se connaissent pas,
et elles se confirment les uns par les autres. On
reconnaît les mots et les phrases qui étaient fami-
liers au communicant pendant sa vie.

« Sir Olivier Lodge, recteur de l'Université de
Birmingham et membre de l'Académie royale,
écrit, dans *The Hilbert Journal*, ce qui suit (repro-
duit par le *Light*, du 8 juillet 1911) :

« Parlant pour mon couple et avec le senti-
« ment de ma responsabilité, j'ai à constater que
« comme résultat de mon investigation dans le
« psychisme, j'ai à la longue et tout à fait graduel-
« lement acquis la conviction, et suis maintenant
« convaincu, après plus de vingt ans d'études,
« non seulement que la persistance de l'existence
« personnelle est un fait, mais qu'une commu-
« nication peut occasionnellement, mais avec

3   Voir les Proceedings S.P.R.

« difficulté et dans des conditions spéciales, nous
« parvenir à travers l'espace. »

« Et dans la conclusion de son livre récent :
La Survivance humaine[4], il ajoute :

« Nous ne venons pas annoncer une nou-
« velle extraordinaire ; nous n'apportons aucun
« moyen de communication, mais simplement
« une collection de preuves d'identité soigneuse-
« ment établies, par des méthodes développées
« quoique anciennes, plus exactes et plus voisi-
« nes de la perfection, peut-être que celles obte-
« nues jusqu'ici. Je dis « des preuves soigneuse-
« ment établies », car l'ingéniosité avec laquelle
« elles ont été préparées se rencontre autant de
« l'autre côté de la barrière que du nôtre ; il y a eu
« distinctement coopération entre ceux qui sont
« dans la matière et ceux qui n'y sont pas. »

« Le professeur W. Barrett, de l'Université de
Dublin, déclare (*Anales des Sciences psychiques*, no-
vembre et décembre 1911) :

« Sans doute, pour notre part, nous croyons
« qu'il y a quelque intelligence active à l'œuvre

---

4   La Survivance humaine, par sir Oliver Lodge, traduit
de l'anglais par le docteur Bourbon. Paris 1912. Félix Alcan,
éditeur.

« derrière l'automatisme (écriture mécanique,
« transe et incorporations) et en dehors de celle-
« ci une intelligence, qui est plus probablement
« la personne décédée qu'elle affirme être, que
« toute autre chose que nous pouvons imaginer...
« Il est malaisé de trouver une autre solution au
« problème de ces messages et de ces *correspon-*
« *dances croisées*, sans imaginer une tentative de
« coopération intelligente entre certains esprits
« désincarnés et les nôtres »

« Le célèbre Lombroso, professeur à l'Université de Turin, écrivait dans la *Lettura* :

« Je suis forcé de formuler ma conviction que
« les phénomènes spirites sont d'une importance
« énorme, et qu'il est du devoir de la science de
« diriger son attention sans délai sur ces mani-
« festations ».

« M. Boutroux, membre de l'institut et professeur à la Faculté des lettres de Paris, s'exprime ainsi dans le *Matin* du 14 mars 1908 :

« Une étude large, complète, du *psychisme*
« n'offre pas seulement un intérêt de curiosité,
« même scientifique, mais intéresse encore très
« directement la vie et la destinée des individus
« et de l'humanité. »

« Le savant M. Duclaux, directeur de l'institut Pasteur, dans une conférence faite à l'institut général psychologique il y a quelques années disait : « Je ne sais si vous êtes comme moi, mais ce « monde peuplé d'influence que nous subissons « sans le connaître, pénètre de ce *quid divinum* que « nous devinons sans en avoir le détail, eh bien ! « ce monde du psychisme est un monde plus « intéressant que celui dans lequel s'est jusqu'ici « confinée notre pensée. Tâchons de l'ouvrir à « nos recherches. Il y a là d'immenses découver- « tes à faire dont profitera l'humanité. »

Toutes ces citations s'appliquent à des positivistes prêts à passer du système personnel, qu'ils se sont fait, à toute une série de croyances raisonnées qui les amènera peu à peu à cet état du cerveau que les écoles orientales comparent à une eau tranquille, dans laquelle peuvent se refléter et parvenir jusqu'à la conscience de l'état de veille tous les enseignements reçus par l'Esprit humain dans les *Plans Invisibles de la Nature*.

Cette évolution des croyances peut, ce qui est rare, se réaliser entièrement dans une seule vie humaine, comme dans les cas d'Auguste Comte ;

soit, plus fréquemment, demander plusieurs existences.

Dans le premier stade, alors que l'homme se contente d'admettre, sans les discuter, les idées qu'on lui présente, on peut placer tous les êtres capables de croyances aveugles et légèrement superstitieuses, telles, par exemple, que la croyance à saint Antoine de Padoue pour retrouver un objet perdu, obtenir une place, et tous ceux enfin qui suivent machinalement d'après une impulsion primitive les préceptes d'une religion quelconque.

Dans le deuxième, le cerveau commence à vouloir connaître les limites de son domaine, il pénètre dans le pays du doute et de la négation. On peut y placer toutes ces grandes intelligences qui n'ont pas encore rencontré leur voie et qui, de Galilée à Tolstoï, ont étonné le monde par la lutte constante de leur génie avec la terrible, immuable et unique vérité.

Comme prototype du cerveau qui a pénétré dans le froid équilibre du troisième stade, celui du Matérialisme pur, qui est souvent fataliste, nous indiquerons le médecin positiviste et athée, n'ayant jamais trouvé l'âme sous son scalpel, pas plus que le mécanicien ce trouve le télégraphiste en démontant un appareil ou le violoniste en brisant le violon. Le médecin matérialiste nie froidement tout ce qui ne tombe pas dans sa logique mentale. Même si son cœur venait à enregistrer tout à coup une vivante et merveilleuse vérité, son cerveau se fermerait et ne laisserait pas passer jusqu'à sa conscience cette vérité étrangère. Les faits qui n'entrent pas dans sa manière de voir sont purement et simplement rejetés sans examen.

Puis, sous l'influence d'une douleur, peut être, viennent les « lueurs nouvelles » ; le Positiviste ne recule plus devant les faits les plus contraires à sa manière de voir, mais il les étudie d'une façon impartiale : citons ici les noms de Lodge, Myers, Russell, Wallace, Lombroso, Charles Richet, etc...

Voici maintenant le cinquième stade, dans lequel nous classerons tous les cerveaux qui ont réussi par l'étude des faits à se créer un système personnel plus ou moins rapproché de l'enseignement de la tradition. Peu à peu ils seront amenés, non plus à la croyance aveugle, mais à la croyance expérimentale, raisonnée.

C'est alors, à tous ses degrés, la connaissance directe par le cœur des grandes vérités spirituelles, mais c'est en même temps la réception dans le cerveau de ces vérités grandioses. C'est l'équilibre parfait entre les facultés féminines et masculines de l'être humain. La lumière merveilleuse de la Foi illumine alors les cellules cérébrales, qui, à leur tour, adaptent à la vie physique, parfois en les recouvrant d'un voile nécessaire, les connaissances spirituelles parvenues jusqu'à elle.

Alors, enfin, l'organisme physique de l'homme constitue pour son principe directeur : l'âme, un instrument parfait.

L'Evolution cérébrale est terminée pour la terre.

CHAPITRE III

SECTION DU LION

———

Les trois plans. — Les forces dans les trois plans. — Communication entre les plans. — L'Expérimentation. — Union du Visible et de l'Invisible. — Les erreurs et les pièges. — La Foi active et la Prière.

I.

La Notion des Plans.

Lorsqu'on lit pour la première fois les ouvrages des écrivains qui se sont voués à l'étude des forces invisibles, on est arrêté par une foule de termes techniques. En poursuivant ses lectures et en contrôlant un auteur par l'autre, on arrive très vite à comprendre ce jargon spécial et on se reconnaît fort bien dans les termes de : périsprit, forces métapsychiques, corps astral, plan astral, plan mental, force Kama manasiques, esprits supérieurs, etc., etc...

Il est toutefois des termes sur lesquels nous croyons devoir insister dès maintenant, entre autres celui de *plans*.

Mettons dans un verre à expériences :

1° Du Mercure ;
2° De l'Eau ;
3° De l'Huile.

Ces trois substances ne se mêlent pas. Elles forment dans le verre trois couches ou plans

Si nous supposons ces substances habitées par des êtres vivants : végétaux inférieurs, bactéries, ou autres, nous aurons :

Les habitants du plan de Mercure en bas ;

Les habitants du plan d'Eau au milieu ;

Enfin les habitants du plan d'Huile en haut.

Tous ces êtres et toutes ces substances sont dans le même verre et cependant ils ne communiquent pas les uns avec les autres : ils sont séparés par la Densité de chacun des milieux où ils évoluent.

Or, les occultistes ont divisés la Nature en trois tranches ou plans correspondant à l'image que nous venons d'analyser.

En bas, il y a le *plan matériel* formé de tout ce qui est visible et matérialisé aussi bien sur Terre que dans toutes les planètes ; c'est le plan des corps physiques et des forces physiques.

Au dessus ou au dedans de ce plan, existe le plan des forces vitales, des forces animatrices. La vie qui circule en notre corps est un exemple de cette force. Or cette vie, d'après les enseignements de l'antique science Egyptienne, cette force vitale qui circule en nous est la même force qui circule dans les *astres*. Aussi a-t-on donné le nom de *forces astrales* aux forces de ce plan nommé lui-même : *plan astral*.

Au-dessus encore, nous trouvons le plan des forces spirituelles, de la Personnalité, de la Volonté qui repousse ou accepte les épreuves, enfin toutes les manifestations de l'*esprit* immortel relié directement au plan divin.

Nous avons employé ici les expressions : en bas, au milieu, en haut, pour la seule satisfaction des habitudes de notre cerveau.

En réalité, les divers plans sont *en dedans* les une des autres, ils se pénètrent sans se confondre, comme un rayon de soleil traverse une vitre sans faire corps avec elle, comme le sang circule dans le corps en se renfermant toutefois dans ses vaisseaux.

Il n'y a donc pas à chercher un lieu spécial, un endroit physique où sont cantonnés les Morts de la Terre. La tradition enseigne bien que certains êtres chargés de matière, après leur mort, sont cantonnés dans les cônes d'ombre que chaque planète traîne après elle dans les cieux, mais c'est là une exception. En général nos morts sont dans le même lieu que nous, mais dans un *autre plan* de ce lieu, comme l'huile, l'eau et le mercure sont *dans le même verre* et cependant ils se mêlent encore moins que les plans du visible et de l'invisible qui, eux, se pénètrent les uns les autres complètement.

C'est donc par une confusion regrettable que certains auteurs ont voulu « loger » les morts dans un endroit quelconque du *plan physique*. On les a placés au centre de la Terre, puis dans les autres planètes, puis dans des soleils divers. Il est clair que tout cela est possible, mais dans le plan astral de ces différents endroits et non dans le plan physique qui est réservé aux corps physiques matérialisés et incarnés.

Mais peut-on faire passer un être momentanément, du plan invisible ou astral dans le plan visible ou physique ? C'est la grande question des *évocations* dont nous dirons tout à l'heure quelques mots, mais nous devons encore insister un peu sur cette notion des plans, car il importe de s'en faire une idée aussi nette que possible.

La notion des *plans* joue, un rôle considérable dans l'étude des problèmes psychiques, et beaucoup de confusion ou d'inventions sans portée proviennent précisément de l'obscurité sur cette notion des plans.

Ainsi, tout être du *plan physique*, tout être incarné et matérialisé ne peut être enfermé que dans un cube ou mieux dans un corps à trois dimensions ; ce qui veut dire en langage clair que lorsque l'on veut « boucler » un apache, il faut le mettre entre quatre murs avec une porte solide, un plafond à l'abri des fuites et un plancher de même. Cage à mouches, ou cellules de prison centrale, c'est un cube ou une forme à trois dimensions, qui est nécessaire pour renfermer un être du plan physique : mouche ou apache.

Que nos lecteurs encore peu habitués à notre jargon nous excusent maintenant si nous sommes peu clairs ; nous chercherons à mieux nous expliquer tout à l'heure.

Si je veux enfermer un rayon de soleil, un rayon d'astre, mon cube ne servira plus à rien ; s'il est constitué par une cage à mouche, le soleil passera au travers, s'il s'agit d'une cellule de prison, il traversera les vitres, mêmes épaisses, sans se laisser saisir.

Mais si je me sert d'une plaque photographique, un rayon de soleil va décomposer les sels d'argent et se fixer sur la plaque avec les images qu'il colorait.

Une surface plane, un plan de mathématicien suffit ici pour retenir un rayon astral.

Or, l'Occultisme enseigne que des êtres spéciaux circulent dans tous les rayons des astres ; ces êtres n'ont pas de corps physiques, mais un corps de rayons lumineux appelés *corps astral*. Le plan sur lequel ces êtres vivent est appelé *plan astral*.

Pour enfermer ces êtres, il suffit d'une surface plane formée par la rencontre de deux ou trois lignes.

Enfin, si j'ai une idée que je veux communiquer à personne, je la garde pour moi, tapie dans un point de mon cerveau et c'est là un petit être spirituel dont je me servirai plus tard à ma guise.

Cet être spirituel peut par l'emploi du Verbe aller émotionner cent points cérébraux semblables au mien. Portée sur le char verbal, l'idée a multiplié et a revivifié d'elle-même. Là, plus de prison possible, ni le cube, ni le plan ne peuvent l'enfermer. Son essence est la liberté.

C'est là le caractère du *plan spirituel* ou plan des êtres divins dont notre esprit est une étincelle.

Pour conclure : il y a un *plan physique* avec des êtres physiques, pourvus d'un corps physique et dont le cube ou la construction à trois dimensions est le logement nécessaire : chambre, palais ou prison (espèce à trois dimensions).

Il y a un *plan astral* avec des êtres astraux, pourvus d'un corps astral et dont la surface plane est le logement nécessaire (espèce à deux dimensions).

Il y a un *plan spirituel* avec des esprits pourvus d'un corps spirituel et dont le point mathématique est le logement nécessaire (ici le temps et l'Espace n'agissent plus)

Voyons maintenant comment on peut étudier, dans leur plan respectif, les forces physiques, astrales et spirituelles. Nous nous bornerons à quelques idées générales très suffisantes pour le but que nous poursuivons.

II.

Les Forces dans les trois Plans.

Les forces physiques sont faciles à étudier, puisqu'elles fonctionnent sur notre plan.

On pourrait s'occuper au choix des forces hydrauliques avec leurs gros organes, depuis la roue du moulin jusqu'à la conduite de l'usine moderne de « houille blanche ».

On pourrait aussi bien étudier la vapeur d'eau circulant dans sa mince tuyauterie.

On pourrait encore décrire l'électricité en circulation dans les fils métalliques.

En général, cette force présente les caractères suivants :

1° Nécessité d'un conducteur matériel ;

2° Dynamisme en rapport avec la condensation ou matérialisation de la force ;

3° Modifications produites sur la matière inerte par l'action des forces matérielles.

L'étude d'une force astrale peut se poursuivre en suivant les modalités de la Lumière du Soleil agissant sur la Terre.

Cette force est d'abord animée d'une vitesse de déplacement considérable (plus de 200.000 kilomètres par seconde). Elle traverse d'immenses espaces avec la plus grande rapidité.

Cette force ne devient dynamique que si on la condense au moyen d'une résistance. Des miroirs permettront d'en retirer de la chaleur effective, on pourrait aussi, au moyen de condensateurs spéciaux, en retirer de l'électricité, mais, normalement, la lumière du Soleil traverse le verre sans le casser et indique ainsi le caractère d'une force astrale qui est de traverser les forces matérielles sans troubler ces dernières.

Enfin, comme la force solaire est la même que la force vitale qui circule dans tous les êtres vivants, cette force solaire est un puissant reconstituant physiologique.

Tels sont les caractères généraux d'une force astrale.

Nous n'avons pas à discuter ici l'origine réelle de la lumière solaire. Que cette lumière vienne réellement du Soleil, comme l'enseigne l'Astronomie actuelle, qu'elle soit au contraire produite dans l'atmosphère de notre planète par une émanation de force solaire neutre et qui se transforme

en lumière, chaleur, électricité au contact de chaque planète, peu importe. Ce qui nous intéresse
actuellement, c'est de suivre une force astrale en
action sur la Terre. Pour le reste, les savants sont
là pour résoudre ces questions d'origine toujours
obscures et toujours trop techniques pour être
abordées dans une étude toute élémentaire.

Les forces du *plan intellectuel* et *spirituel* sont
encore peu connues des contemporains. Les col-
lèges initiatiques de l'Antiquité et certaines sociétés mystérieuses de l'Inde, de l'Islam et aussi de
l'Occident en ont eu des notions précises.

Les forces de ce plan agissent en dehors du
Temps et de l'Espace. Elles se transmettent ins-
tantanément d'une planète à l'autre aussi bien
qu'en deux points très éloignés de la Terre.

Pour se manifester, ces forces ont besoin
d'un point d'appui matériel. Elles utilisent en général les organes nerveux et le cerveau des êtres
vivants.

C'est donc une erreur de croire que les « chaînes de volonté » peuvent agir directement sur
des événements sociaux.

Des chaînes de lumière physique pourraient
aussi bien s'efforcer de briser des vitres matérielles.

La lumière traverse la vitre sans rien détruire, la Pensée traverse les clichés astraux sans influence directe.

Il est donc très important d'éviter cette erreur de l'action des forces spirituelles sans outil matériel.

Jeanne d'Arc n'aurait rien pu faire sans une armée. Cette armée a accompli des miracles dès sa constitution, mais elle était nécessaire, parce que sur le plan matériel on ne peut agir dynamiquement qu'au moyen de forces matérielles.

Un être humain passé dans le plan spirituel n'a plus aucune action directe sur la matière. Il passe à travers les objets comme la lumière à travers le verre et il lui faudra utiliser des outils spéciaux comme la force vitale d'un médium humain, ou des résistances particulières comme le verre et le bois, pour se mettre en contact avec ce plan matériel dont il est si éloigné.

III.

Les Communications entre les divers Plans.

Faire passer un être d'un plan dans un autre est un acte dans lequel il faut contrarier momentanément les lois de la Nature. Voilà pourquoi ce genre d'expériences est délicat, dangereux et plein de pièges et de fraudes.

Pour donner une idée claire du problème à résoudre, nous rappellerons dans qu'elles conditions des êtres physiques peuvent se trouver dans des sections du plan physique différentes pour chacun d'eux de leur condition d'existence normale.

Ainsi, voilà un poisson qui ne peut vivre que dans l'eau. Si nous voulons le placer dans l'air qui est l'élément où nous, les hommes, nous vivons, nous allons être obligés de trouver un intermédiaire entre l'air et l'eau, qui, dans le cas de notre poisson, sera un réceptacle de verre contenant de l'eau.

Mais si nous voulons à notre tour aller visiter le pays des poissons, il nous faudra un intermédiaire, renfermant l'air qui est notre pays, notre plan, et cet intermédiaire sera un costume de scaphandrier, qui sera pour nous comme le bocal pour le poisson.

Ces images sont destinées à faire comprendre que pour faire passer un être du plan astral, comme un mort, ou mieux comme l'Esprit d'un être mort à la Terre, dans le plan physique, il faudra trouver les intermédiaires nécessaires.

Ces intermédiaires sont constitués par des forces vitales mises à la disposition de l'Esprit évoqué et par des objets matériels sur lesquels l'Esprit puisse condenser les forces mises à sa disposition.

Un peu d'histoire nous semble ici indispensable.

Vous rappelez-vous l'Histoire d'Ulysse racontée par Homère. Voulant demander un conseil à son vieil ami Tirésias, prophète de son métier, Ulysse s'informe et apprend que Tirésias est mort.

Tout autre aurait laissé là tout projet de conversation, mais le héros d'Homère ne s'arrête pas pour si peu.

Il est mort, bien, *nous allons le faire revenir.*

Ulysse descend donc dans les plans astraux que les anciens appelaient les lieux inférieurs, *Infera*, les Enfers.

Là il prépare son expérience. (Relisez-la dans le texte) Il trace avec son épée un cercle, figure astrale qui l'entourera et empêchera les êtres du plan astral de l'approcher de trop près.

Ensuite Ulysse met en jeu la force chargée d'être l'intermédiaire entre les deux plans. Cette force, c'est le sang d'un chevreau égorgé dans le cercle.

Voilà la force médianimique ou médium de tous les initiés de l'Antiquité, le sang ou la force visible des Animaux.

Les fluides qui s'échappent du sang attirent les *esprits* en foule. Ulysse les écarte du cercle avec son épée. Il permet au seul Tirésias de humer les fluides vitaux du sang. Tirésias se matérialise alors, il parle et, passé pour un instant, du plan astral ou invisible, dans le plan physique ou visible, il donne à Ulysse les conseils nécessaires.

IV.

L'Expérimentation. — Union du Visible et de l'Invisible. — Les Erreurs et les Pièges.

Dès qu'on perçoit la notion qu'il est possible de communiquer d'un plan à l'autre, aussitôt les espoirs les plus fous prennent naissance. On se figure qu'avec un intermédiaire ou médium quelconque le voile va, de suite, être levé et qu'on aura des paroles ou des nouvelles du cher disparu.

Certes non, cela n'est pas si facile que peuvent se le figurer les enthousiastes de la première heure qui vont au-devant de désillusions certaines et de bien cruels désespoirs.

Comme il s'agit ici d'une expérience de science véritable, il faut procéder avec beaucoup de méthode. On peut en effet communiquer sans difficultés :

1° Avec le cerveau du médium, que ce médium soit endormi ou non.

Au moyen d'un objet mauvais conducteur de l'électricité ou du fluide vital qui suit à peu près les mêmes lois, par exemple au moyen d'une table de bois, qui a remplacé la baguette des anciens, le médium unit et condense la vie du consultant à la sienne. Alors les pensées du consultant se *reflètent* par l'intermédiaire du médium et la table dit le nom, l'âge, le petit nom du défunt... et cependant le défunt n'a rien à voir dans cette affaire.

2° Qu'on nous pardonne de parler de choses qui vont sembler bizarres, mais la nécessité d'éviter des désillusions nous y pousse. Il s'agit ici des « clichés astraux ».

Toutes nos actions, bonnes ou mauvaises, flottent autour de nous et autour des objets qui nous environnaient quand nous avons accompli ces actes. Nous apparaissons alors aux yeux des voyants, comme l'acteur d'un cinématographe produisant des scènes en couleurs. C'est là ce qu'on appelle des « clichés astraux ».

Le médium peut évoquer une des scènes et le consultant se figure qu'il est en relation avec le défunt, ce qui n'est pas exact.

3° C'est donc en procédant par élimination, comme l'ont fait les savants qui se sont voués à ces études, qu'on parvient à établir un lien certain entre les êtres de la Terre et les Esprits de ceux qui ont jadis vécu ici-bas.

La communication par médium est donc moins sûre que la manifestation par les Songes, et c'est toujours à cette dernière que nous donnons la préférence.

Nous incitons les chercheurs sérieux à lire la collection des *Anales des Sciences Psychiques*, dont M. de Vesme est directeur, et les ouvrages sur le *Spiritisme scientifique* et les *Apparitions Matérialisées*, de Gabriel Delanne. Après ces lectures, on sera bien en possession de toutes les difficultés du problème et on comprendra mieux nos avertissements.

V.

La Foi active et la Prière.

La communication entre les vivants et les morts est en effet une chose si sacrée, qu'il faut bien se garder de la tenter à la légère. Certes, elle existe, elle est évidente, mais elle ne doit être jamais que la récompense accordée à la bonté, à la bonne volonté. Tout être humain qui a compris quelques parcelles des lois spirituelles n'essaiera pas volontairement d'appeler un disparu par crainte de lui porter un préjudice réel; par crainte aussi d'aller aveuglément à la rencontre de cruelles désillusions.

Que faut-il donc faire? ou plutôt que pouvons-nous faire pour élucider ce problème en apparence insoluble?

Il y a deux voies: l'une indirecte, l'autre directe. Dans la première, nous pouvons, par la lecture et l'étude des ouvrages spéciaux, arriver à une sorte de croyance intellectuelle, à une sorte de foi raisonnée. Le nombre réellement énorme de faits bien constatés, l'autorité qui s'attache au nom de certains chercheurs, peuvent déterminer dans nos cellules cérébrales une sorte de réceptivité favorable des faits que nous pourrions avoir à constater par nous-mêmes.

Mais la deuxième voie, la voie directe et personnelle, est de beaucoup préférable. Deux grands mots, deux grandes lumières illuminent ce chemin: la Foi active, la Prière.

La Foi, c'est l'intelligence du cœur. C'est la perception, par un autre organe que le cerveau, d'une vérité quelconque que ce dernier ne peut atteindre par lui même, mais qu'il peut refléter dès qu'il est illuminé par les lumières du cœur. Une caractéristique de la connaissance par la Foi, c'est l'absence absolue du doute, la certitude sans ombres. Tandis que toute connaissance purement mentale ne peut arriver que rarement à cette certitude entière.

On pourrait comparer le cerveau à un rouleau de phonographe sur lequel seraient inscrites d'innombrables notions diverses; à la moindre excitation, ce rouleau se met en mouvement et présente l'une quelconque de ces notions, et cela, sans fin, tandis qu'il dure. Si donc, nous voulons arriver à une certitude concernant la *survie* et les communications entre les vivants et les morts, par une voie strictement mentale, nous arrivons à vaincre des objections toujours nouvelles, présentées à notre conscience par notre cerveau.

Au contraire, calmons notre mental en l'illuminant par la foi active; toute une série d'organes se développeront en nous, capables de connaître la vérité de la *survie* aussi nettement que nos yeux ont conscience du Soleil par un beau jour d'été. Nous saurons alors, sans discussion possible, que notre *moi* ne fait à la mort du corps que changer de véhicule, d'instrument, et qu'il est éternel. À ce moment, les faits seront réellement utiles et féconds.

Pratiquement donc, évitons, ou tout au moins ne faisons qu'avec la plus grande prudence une évocation d'un disparu. Recherchons le sentier de la Bonté, de la Charité ; il nous amènera sûrement à la communication consciente et sans danger, dans le songe d'abord, dans d'autres états ensuite, avec ceux que nous avons réellement aimés en Dieu.

Et j'ai prononcé aussi le mot de Prière, mot si mal compris, chose si peu connue.

Je sortirais des limites que je me suis tracées en m'étendant sur ce chapitre ; qu'il me soit permis cependant de dire que la prière est la clef vivante universelle. Par elle, l'homme plongé dans les ténèbres les plus complètes, peut espérer revoir enfin la lumière qui brille éternellement au sommet de la Colline Sainte.

Par elle s'ouvriront pour lui les livres fermés de la vie, de la mort et de la renaissance.

Par elle l'épreuve deviendra supportable et les roses paraîtront sous les ronces du chemin.

Par elle, enfin, l'homme pourra soulever un jour le voile qui sépare la vie de la mort, et, dès qu'il en aura la force, apparaîtront les bien-aimés qu'il croyait perdus à jamais. Apprenons donc à laisser s'échapper de notre cœur cette force vivante et demandons la foi active devant laquelle toute obscurité disparaîtra.

CHAPITRE IV

SECTION DU TAUREAU

———————

Qu'est-ce que la mort pour le Philosophe ? — Les
   Morts sont des voyageurs. — La Mort pour la
   Patrie.

I.

Qu'est-ce que la Mort pour le Philosophe ?

Le changement qu'on croit apporté dans les conditions d'existence de l'être qui meurt dépend surtout des idées qui circulent dans le cerveau de ceux qui continuent à vivre sur Terre. L'être qui vient de mourir subit les lois immuables fixées par la Nature et il poursuit son évolution sans que ses croyances personnelles aient à intervenir. Si, comme nous le croyons fermement pour notre compte, quelque chose de nous subsiste dans un autre plan, cela est un fait que nous serons tous appelés, plus ou moins tard, à constater. Pourquoi donc nous quereller d'avance ?

Les relations physiques se trouvant coupées entre le mort et les vivants, ce sont ces derniers qui prétendent trancher la question, et c'est ici qu'intervient la maturité cérébrale de chacun.

Pour les uns, la Mort est l'arrêt de tout ce que la Nature a fait jusque-là. Intelligence, sentiment, affections, tout disparaît brusquement et le corps redevient herbe, minéral ou fumée suivant le cas.

Pour les autres, la Mort est une libération. L'Ame, toute lumière, se dégage du cadavre et s'envole vers les cieux, entourée d'anges et de glorieux esprits.

Entre ces deux opinions extrêmes existent toutes les croyances intermédiaires.

Les Panthéistes fondent la Personnalité du Mort dans les grands courants de la Vie Universelle.

Les Mystiques enseignent que l'Esprit libéré des entraves de la matière continue à vivre pour s'efforcer de sauver par son sacrifice ceux qui souffrent encore sur la terre.

Les Initiés des diverses écoles suivent l'évolution de l'être dans les divers plans de la Nature jusqu'au moment où cet être reviendra, et de par son désir, reprendre un nouveau corps physique sur la Planète où il n'a pas fini de « payer » son dû.

La Mort pour la Patrie libère l'Esprit presque toujours d'un retour ou d'une réincarnation...

Que d'opinions, que de disputes, que de polémiques pour un fait naturel dont nous sommes assurés de voir la solution !

Mais on nous demandera notre opinion et, si elle peut intéresser le lecteur, nous dirons en toute loyauté : les Morts de la Terre sont les Vivants d'un autre plan d'évolution. À notre avis, la Nature est avare et ne laisse perdre dans le néant aucun de ses efforts. Un cerveau d'artiste ou de savant représente des années et des années de lente évolution. Pourquoi cela serait-il brusquement perdu ?

Laissons chacun diriger en silence ses idées personnelles. *Astra inclinant, non necessitant.* Montrons ce que nous croyons être la route, ne forçons personne à s'y engager.

II.

Les Morts sont des voyageurs momentanément absents.

Quand un de vos proches parents est en voyage dans une contrée éloignée, vous le suivez par la pensée et votre cœur est calme. Nous voudrions donner au lecteur cette sensation que nos morts ne sont pas disparus pour jamais, ce sont des voyageurs d'un autre plan, mais ils parcourent un pays où nous irons tous normalement, si nous évitons le désespoir et le suicide.

« Le ciel est là où l'on a lis son cœur », dit Swedenborg. Or, Notre Seigneur Christ, dont le nom est écrit dans le ciel depuis la création de la Terre, est un Sauveur dans tous les Plans et non un bourreau. Lui qui connaît les angoisses et toutes les douleurs, il s'efforce de réunir dans son amour, et ceux qui pleurent ici, et ceux qui voudraient « là-bas » crier: Mais ne vous désespérez pas, nous sommes là et notre amour vit en vous et par vous...

Il est clair que, de même qu'il n'y a pas sur Terre uniformité d'occupations et de rang social, il n'y a pas de règles fixes pour l'évolution dans ce que nous appelons le Plan Invisible.

Après une période plus ou moins longue de sommeil, sans souffrances, puisqu'il n'y a plus de matière terrestre, l'Esprit s'éveille et commande sa nouvelle existence.

Il s'attache tout d'abord à ceux qu'il a laissé sur terre et cherche à communiquer avec eux par le songe ou par un intermédiaire quelconque, s'il en trouve.

Il ne faut pas forcer les communications entre les divers plans, qui sont toujours délicates et peuvent présenter certains dangers. Quand, après un désir sincère, ou une prière ardente, accompagnée d'un acte de charité physique, morale ou intellectuelle, il est permis à l'Esprit de se manifester, cela a toujours lieu de manière à ne pas épouvanter l'être terrestre.

Au contraire, si on veut forcer les communications, on risque d'être trompé par le cerveau du médium qui, répète les idées chères au consultant, ou par des images du disparu, photographies animées flottant en astral, ou par des êtres qui se servent du médium pour accaparer un peu d'existence matérielle.

Il faut donc savoir attendre des nouvelles du voyageur. Il faut demander avec calme d'obtenir la certitude de son existence effective... là-bas, et puis penser beaucoup au voyageur, l'aimanter d'amour et non de désespoir et de larmes, et alors, tout doucement, le voile se lèvera, un doux murmure remplira le cœur, le frisson de la présence de l'au-delà apparaîtra, et peu à peu un grand mystère sera révélé. À ce moment, il faut savoir se taire, ne pas livrer son secret aux profanes ou aux profanateurs.

Espérer, prier, avoir confiance dans le Sauveur et dans la Vierge de Lumière, telle est la Voie qui conduit à la *paix du cœur*.

III.

La Mort pour la Patrie libère tout de suite l'esprit de toute souffrance.

La plupart des êtres humains ont une existence partagée en deux sections. D'une part, chaque homme s'occupe de sa vie personnelle et de celle de sa famille, quand il en a une ; d'autre part, ce même homme exerce une profession ou une fonction utile à la collectivité.

En général, c'est la fonction extérieure utilisée par la collectivité qui procure les moyens matériels nécessaires à la vie personnelle et à celle des proches. Cette loi des deux plan d'existence : personnelle et collective, est commune à toute la Nature.

Ainsi un astre comme notre Terre a une vie personnelle (si l'on considère comme la vie d'un astre ses mouvements) caractérisés par sa rotation sur lui même et une vie collective où l'astre n'est plus qu'un rouage de l'Univers quand il circule autour d'un Soleil.

Pour en revenir à l'être humain, il pourra changer de plan, c'est à dire en langage vulgaire : mourir, pour trois raisons principales :

1° Pour lui-même, quand il meurt célibataire, sans proches, et d'un accident ou d'une maladie banale ;

2° Pour les siens, quand il est amené à se sacrifier pour sauver sa famille ;

3° Pour la collectivité, quand il se sacrifie volontairement pour le salut ou la défense de sa patrie.

Dans chacun des cas, le changement de plan s'effectue avec des modalités différentes.

Le départ qui termine une existence de pur égoïsme est lent, et le dégagement laissé aux forces personnelles est plus douloureux.

Par contre, tout sacrifice est équilibré par une assistance immédiate des forces intelligentes des plans de dégagement. Appelons ces forces : Esprits, Anges, Ames de la Patrie, Idées-forces, qu'importe, puisque les noms ne font rien à l'affaire. Ce qu'il importe de savoir, c'est que celui qui meurt pour les autres est libéré de toute souffrance physique et dégagé de toute angoisse morale dès qu'il a changé de plan.

C'est là une explication des lois universelles
que l'être humain subit comme tous les êtres vivants, car pour la Nature, dans son impassibilité,
un homme n'a souvent pas plus de valeur qu'une
tige de blé, bien que l'orgueil de l'homme soit
souvent incommensurable.

EPILOGUE

Vision de Lumière : La Mort du Héros.

Un choc brusque... un afflux de sang au cœur... le défilé inattendu de grands événements de la vie terrestre... un évanouissement lent, ou mieux un doux sommeil... le calme et l'ombre... Le brave garçon vient d'être tué par une balle alors qu'il était sorti pour l'assaut...

Des voix autour de lui, un paysage de lumière, des êtres de lumière aussi dont les corps se déplacent comme s'ils avaient des ailes... sa grand-mère qui l'a élevé et dont le visage est devenu si jeune... puis des voix consolatrices et de belle figures comme dans les images : des Anges ou des Saintes peut-être ?

Dans quel état se retrouve donc le combattant de tout à l'heure ? Où est-il ? Quels sont ces paysages étranges où tout est lumière ? Son corps lui-même est lumineux, effilé et se déplace sans toucher aucun sol sur le désir de sa volonté... Il est guidé du reste par tous les êtres qui l'entourent et qui chantent sa venue...

Ma mère, je veux voir ma mère!!

Aussitôt, guidé par un esprit lumineux, le combattant s'enfonce dans les ténèbres. Il se trouve brusquement dans le cher logement de jadis, mais il ne peut rien saisir... il passe à travers les murs, comme à travers tous les objets... et personne ne perçoit sa présence.

Il voit sa chère mère angoissée... il se précipite vers elle... et cet élan d'amour fait un miracle... Sa mère le voit, mais elle s'évanouit en criant : « Mon fils, mon fils est mort... il vient de m'apparaître... »

Alors l'Esprit de l'enfant reste autour de l'être chéri laissé sur la Terre, il veut lui dire que la Mort n'est pas une souffrance pour lui, que le désespoir de ceux qui pleurent son départ est le seul trouble qu'il ait connu... mais les paroles ne sont pas entendues.

Seulement le rayonnement de son amour entoure de lumière le bel être invisible de cette femme qui a donné son fils à La Patrie, et qui, se souvenant du martyre de Marie, la mère de

N.S. Jésus, demande au ciel la force de supporter cette atroce douleur.

La nuit suivante, l'enfant peut enfin communiquer dans un songe avec sa mère chérie et lui dire : Ne pleure pas, car je suis toujours auprès de toi : ceux qu'on croit les morts, sont les guides de là-bas… courage et espoir, quand ta tâche sera finie sur Terre, je viendrai te chercher, comme grand-mère est venue pour moi.

Sèche tes larmes et sois forte : tu as bien mérité du Père, sois bénie.

LE JEUNE SOLDAT

À Chaumont-sur-Argonne, près de Pierrefitte, dans une tranchée, un jeune Allemand était mort, tenant près de sa tête et à hauteur des yeux son livre de prières...

Pauvre victime de la folie des grands, je te salue et je joins mes prières à celles qui ont illuminé ton Esprit au moment du départ. Sentant la mort venir, tu as bravement préparé ton âme à la séparation physique, et, obscur héros, tu as fait appel à Celui qui nous entend tous... Que ton geste soit béni. Qu'importe que tu sois un ennemi de ma Patrie et un envoyé de ces orgueilleux qui ont sacrifié la fleur de leurs hommes à la basse satisfaction de leur ambition.

Petit grain de sable dans ce choc immense, tu es parti, tu as obéi, et tu es venu te faire broyer physiquement dans une tranché quelconque au milieu des champs de France et près des bois... Mais si ton corps est retourné à cette Terre qui l'avait nourri et fait grandir, ton Esprit, sur lequel aucune force matérielle n'a de prise, a été libéré et s'est élevé, glorieux, dans les plans de l'empyrée...

Dans le cœur de Notre-Seigneur, il n'y a plus ni amis ni ennemis quant la terrible Mort a passé, il n'y a plus que des Esprits qui se sont sacrifiés pour l'Idéal, et qui ont abouti au terme brusque de leur route terrestre...

Et le parfum de la prière a sanctifié tes derniers instants... et j'ai passé et senti ton Esprit calme dans son évolution bien gagnée, et j'ai voulu, moi aussi, joindre mes prières aux tiennes...

Ennemis d'hier, sachons communier aujourd'hui dans l'Idéal supérieur aux querelles humaines.

Tu as une famille, pauvre petit, une mère qui va pleurer, des sœurs qui se souviendront, et des frères qui l'imiteront peut-être.

Et tous, dans leur douleur, vont aussi se prosterner et prier... Victoire innocente des ambitions aveugles et des égoïsmes profonds, envoyés de la barbarie aveugle contre l'évolution consciente et lumineuse des Peuples libres, tu as fait ton devoir, mais la main impitoyable du Destin t'a marquée de son doigt et ton évolution s'accomplit.

Demain tu reviendra sur terre, mais tu aura bu le léthé... victime inconnue... je te salue et je prie avec toi...

Nicey, 19 septembre 1914.

La mort et les cellules physiques.

La Mort peut être considérée sous bien des aspects. Etudions, la Mort *Physiologique* et l'évolution des cellules physiques.

Pendant la vie, toutes les cellules physiques sont maintenues en une cohésion parfaite. Sous l'influence du nerf grand sympathique tout le ménage de l'organisme est parfaitement fait.

La Conscience joue un rôle des plus faibles dans cette cohésion organique. La Terre a prêté un corps, le plan astral à donné un guide à ce corps et à ce guide astral, cet « ouvrir caché » de Paracelse a constitué ce corps d'après les influences fatales du Destin. Ce corps sert à fabriquer la force la force nerveuse nécessaire à l'union de la Terre avec l'Esprit par les sensations et de l'Esprit avec la nature extérieure par le regard, la voix, le geste et le travail humain sous ses diverses formes.

En cas de vive alarme, le corps fait appel à l'Esprit par divers phénomènes : angoisse, frisson, éternuement ou douleur, mais en général, chacun fonctionne en dehors de l'autre.

Le phénomène de la Mort, au point de vue physiologique, c'est le retrait de l'outil de communication inter plans mis à la disposition de l'Esprit.

Quand l'Esprit n'a plus de communication avec son organe de manifestation : le corps, il y a mort sans dissolution corporelle. Il existe des cas de vivants sur la terre qui sont morts au point de vue de l'Esprit : cas de folie, d'idiotie, de possessions diverses. Les Morts vivants : phénomène assez rare connu de certains initiés. J'ai vu ce cas pour un vieillard dont on convoitait ardemment la fortune... Le corps a vécu dix ans après la mort.

Autre cas : une partie du corps peut être enlevée sans aucune réaction sur l'Esprit : cas des amputés.

La Mort Psychique est indépendante de la Mort Physiologique.

Des maladies graves, comme la fièvre typhoïde, peuvent causer une petite mort psychique par absence de force mise au service de l'Esprit, c'est la grève de l'électricité, tandis que la folie est la grève du télégraphiste.

Ce que nous appelons la Mort en général, c'est la Mort physiologique, la dissolution et l'anarchisation apparente des cellules groupées pour constituer le corps physique.

Le cœur et les poumons s'arrêtent, la chaleur du corps s'éteint, tous les échanges cellulaires cessent. La libération des cellules s'effectue.

Les forces qui, normalement, résistent à la Mort, ne fonctionnant plus, la Mort s'empare en victorieuse de son domaine.

Si votre sensibilité s'émeut de ce phénomène tout naturel, modifiez l'état des cellules organiques vous ne modifierez que des apparences. En effet, 3, 6 ou 9 est, en initiation élémentaire, le chiffre de la matière. Divisez, multipliez, additionnez les éléments constituants de ces nombres, vous retrouverez toujours 3, 6 ou 9.

De même enterrez le corps, faites-le déchiqueter par les poissons ou par les vautours, brûlez-le, ses cellules seront solides ou liquides ou gazeuses : elles n'en continueront pas moins leur évolution.

C'est un honneur très recherché pour une cellule d'un être terrestre de devenir cellule humaine. Et parmi les cellules humaines, il y a encore une hiérarchie de la cellule osseuse à la cellule nerveuse.

Au moment de la dissolution du corps, après la reprise des 4/5 d'eau que renferment nos cellules, les cellules évoluées deviennent les conductrices d'autres cellules en voie d'évolution vers le corps de l'Homme.

Etudions ce phénomène qui nous conduira à la constatation de la réincarnation des cellules physiques. Nous prenons la voie normale de dissolution par enterrement, c'est à dire par la digestion du corps par le grand estomac terrestre décrit par le voyant Michel, de Figanières.

Poussées par les microbes dissolvants, les cellules sont aspirées par la terre et deviennent cellules migratrices d'une plante.

Elles évoluent les cellules de cette plante vers une épreuve, c'est à dire vers une transformation en mieux.

Arrive le bœuf qui mange la plante contenant les cellules de l'homme d'hier. La digestion du bœuf s'effectue et ses cellules deviennent principes constituants de la viande de cet animal.

Nouvelle épreuve : les affres de l'abattoir et la mort du bœuf.

Le corps du bœuf devient un bifteck que mange un être humain. Les cellules de l'ancien corps humain se retrouvent dans un nouveau corps humain après avoir conduit à l'assaut de ce corps des cellules végétales des cellules animales inférieures.

Il y a réincarnation cellulaire.

De là la sagesse des anciens Indous disant : « *respecte l'arbre ou l'animal terrestre ; ils contiennent peut-être les cellules du corps de ton grand-père* ».

Notez que l'état gazeux des cellules d'un corps brûlé ne change rien à ce phénomène. La réincarnation se fait par la respiration au lieu de se faire par la digestion.

Il faut don remettre le corps à sa véritable place et ne voir en lui qu'un support de l'Eternel Esprit. Le sentimentalisme a peu de chose à voir en cette affaire.

Mais pour que le corps évolue sans réactions sur l'Esprit même après la mort, il faut que le lien astrophysique soit détruit, que le dégagement entre le physique et l'astral soit parfait. C'est ici que le manque d'initiation est terrible de conséquences.

Les Indous brûlent les corps physiques parce qu'ils savent en dégager les principes psychiques.

Les Européens qui veulent imiter les Indous, sans connaître le procédé de dégagement, s'exposent à de terribles erreurs.

Si le corps physique évolue dans le plan physique, le corps astral subit également une évolution dans son plan qui va se traduire par une évolution du futur corps physique fabriqué par cet astral.

Ainsi astral de chien devient astral de singe, astral de singe peut devenir astral d'humain inférieur, mais jamais corps de singe ne peut devenir corps humain, c'est en plan astral que s'accomplit le transformisme cher à l'école de Darwin.

....

Que devient l'esprit dans toute cette aventure ?

Privé de ses organes de communication, il souffre en général fort peu.

Il est engourdi et sommeille d'abord, puis se réfugie lentement dans ses organes astraux.

Ceux qui n'ont aimé en un être que son corps, se désolent et remplissent la chambre mortuaire de leurs lamentations.

C'est ainsi que la religion vient au secours de l'ignorance humaine. Les cierges ou les luminaires vont éloigner les « microbes » de l'Astral, les prières et les enchantements liturgiques vont appelés les influences divines.

Quel que soit l'officiant son office est sacré : c'est l'adieu de la terre à l'Esprit qui s'en va : c'est l'appel des astraux vers le missionnaire qui leur revient. Ne pleurons pas les libérés : Dieu n'a jamais été un bourreau. Appelons vers eux la lumière et montrons-leur le calme de notre cœur soutenu par la certitude de les retrouver, et prions pour les athées qui seront les orphelins de l'Eternité car ils ont renié toutes leurs attaches astrales.

Pourquoi sommes-nous sur Terre ?

On a coutume, dans les Sociétés Philosophiques, de traiter de sujets arides, abstraits, qui
amènent une douce somnolence de la part des
auditeurs ou des lecteurs. Je ne vous dis pas que
vous ne ferez pas un somme en me lisant, mais je
m'efforcerais de ne pas monter trop haut, de ne
pas élaborer de formules transcendantes et ima-
ginaires, et de répondre simplement à cette question : *Pourquoi sommes-nous sur Terre ?* Nous traite-
rons la question en dehors de toute philosophie,
sur le terrain pratique simplement.

Celui qui se lève à une heure convenable, se
rend à son travail le matin, vaque à ses occupations dans la journée, rentre le soir chez lui pour
se reposer, n'est pas dispensé de penser et de se
faire parfois les réflexions suivantes : *Pourquoi suis-
je ici bas ? Après cette existence, y en a-t-il une autre ?*

Nous ne développerons pas aujourd'hui cette seconde question, nous resterons sur Terre.

Pourquoi sommes-nous sur Terre ? C'est pour souffrir dit la femme ; c'est pour subir des épreuves sur le terrain pratique dit l'homme. Or, de quoi sommes-nous composés ? Le corps physique, d'après les écoles philosophiques, demeure un simple matériel.

De toutes les écoles de philosophie, une seule se demande si notre corps existe. Le fait patent absolu, est que nous avons un corps physique. Tout d'abord, il faut le nourrir, parce que, sans cela, il périclite et, malgré toute philosophie transcendantale, nous tenons à notre corps. Ce corps physique prend une grande partie de nos occupations, remplit une place prépondérante dans notre existence, surtout dans l'existence de la femme. Un homme sur mille est assez évolué pour voir l'intelligence de la femme ; les 999 autres regardent le minois ; d'où la femme tient à embellir son corps physique. Je dis donc que notre corps physique nous occupe sans cesse ; c'est la première question à laquelle nous songeons sur Terre. Mais si boire, manger, dormir sont nos principales préoccupations, ce n'est pas suffisant. L'être humain se différencie de l'animal en ce qu'il a autre chose à faire qu'a donner satisfaction à cette vie purement physique. On aperçoit déjà des forces, des nécessités qui nous obligent à ne pas rester paresseux en dehors de la vie matérielle, animale. Comparons le gros chien du chiffonnier au roquet d'une « petite femme ». Le premier attelé sous et non à la voiture, pour ne pas enfreindre les règlements de police, aide son maître à traîner de lourds fardeaux ; sans reprendre haleine, il fait un travail pénible, pour un peu de nourriture, quelques croûtes de pain trouvées dans les détritus. Malgré cela, il a toujours l'œil ouvert, le jarret solide et jouit d'une bonne santé. Le roquet de la femme légère, au contraire, passe sa vie à dormir, à manger. Il a le maximum de bonheur rêvé sur terre. Mais cet animal de luxe, gras, dodu, tombe malade, absorbe des médicaments et devient de plus en plus malade. Donc, l'être est sur terre pour travailler, sans quoi les maladies pleuvent sur lui et pourtant il nous semble que le repos est le meilleur des biens. Or, rien n'est si mauvais pour le corps physique que le repos absolu. Mettez-vous à la place d'un être qui ne fait rien. Cet être se reconnaît le plus malheureux des malheureux ; il se plaint toujours de son sort. À part les préoccupations de notre corps physique, l'être humain est un être qui cherche le bonheur. Où se trouve le bonheur? Posons une loi physique. Si on se place en pleine lumière, cette lumière ne sera perceptible qu'entourée de points d'ombre. Fixez le soleil, il vous éblouit et vous ne voyez rien. La lumière n'a de valeur que s'il y a des ombres à côté d'elle. Il en est de même pour le bonheur qui ne vient que par moments, au milieu de cent ennuis. C'est la deuxième manifestation par laquelle nous nous apparaissons à nous mêmes. Pourquoi tant d'ennuis sur Terre? Telle est la question posée par bien des philosophes. Il y avait autrefois un prince Cakiamouni, fils de roi, élevé dans le luxe, entouré de philosophes, qui, d'après l'ordre du roi, devait le tenir sans cesse en contact avec des choses gaies, l'éloigner de toutes misères humaine. La Terre devait lui apparaître comme un lieu de délice, où ne se rencontre que le plaisir. Mais un jour, le prince s'échappe du palais et aperçoit un vieillard qui demandait l'aumône, puis il croise un malade et un enterrement. Alors il réfléchit. Un Chinois, envoyé à l'étranger par son gouvernement pour faire un rapport sur la sociologie des pays qu'il devait traverser, aperçoit sur une route de France un vieillard misérable conduit par un enfant. Il réfléchit. Le fils de roi, le Chinois ont la notion que tout le monde n'est pas heureux sur terre. Ils se demandent pourquoi le bonheur n'existe pas pour tout le monde. Ils concluent que le bonheur consiste dans le soulagement de la misère des autres. En présence de la souffrance qu'il rencontre, le prince s'est fait mendiant et a fondé la religion du Bouddhisme, qui admet la Réincarnation.

Les épreuves sont le produit de la fatalité sur terre. Nous souffrons parce que nous devons évoluer dans la souffrance. En effet, nous savons que les minéraux évoluent et se transforment en végétaux, ceux-ci en animaux. Pourquoi cette évolution s'arrêterait-elle à l'homme ? L'évolution continue, parce que nous devons évoluer des facultés. En général, les êtres humains sont méchants. Un enfant est un petit animal. *Cet âge est sans pitié*, dit La Fontaine. L'enfant se promène dans un jardin, aperçoit un poussin et l'écrase. Il accomplit un acte animal, un acte de force. L'homme accomplit souvent de tels actes. Mais au-dessus du coup de poing du fort sur le faible, il y a quelque chose. Il y a d'abord le respect pour la force des autres et ensuite la pitié et ensuite la pitié pour les souffrances des autres. La pitié est donnée à l'homme pour son évolution. Lorsque l'homme primitif vivait dans une caverne, il se servait de sa force pour tuer les animaux nécessaires à sa nourriture et à celle de sa famille ; il défendait les siens contre les attaques du dehors ; il devait alors agir comme une brute. À travers la civilisation, si l'homme est resté égoïste, il le doit à ses origines. La femme conçoit mieux : guidée par la maternité, elle reste toujours mère. L'évolution sociale est en elle.

Donc, si un être est sur terre, c'est pour lui-même et surtout pour les autres. On s'est d'abord fait soi-même, puis on a défendu les siens. Il a fallu des révolutions multiples pour arriver à cet axiome. Tous les êtres humains se valent sur terre, si l'un est supérieur dans un sens, il est inférieur dans un autre. Un ingénieur, la tête bourrée de formules, ne saura pas s'y prendre pour faire un objet de première nécessité. Dans son plan, chaque être humain est placé pour faire son évolution. Notre principale raison d'être est d'avoir le mépris des richesses ; mais ce n'est pas encore entré dans nos mœurs.

Dans le « *Tour du monde en 80 jours* », un personnage tient une carotte devant le nez de son âne pour le faire avancer. De nos jours, l'argent est représenté par cette carotte. Rien ne coûte à certains pour arriver à la fortune ; elle est toujours présente devant leur nez ; ils courent après elle et ne peuvent l'atteindre. Mais il arrivera un moment où l'on reviendra de cette conception. Si on entre dans la peau des êtres qui ont de l'argent, on y trouve souvent des souffrances épouvantables. Tel, ce financier fondateur des magasins du Louvre atteint d'une affection bénigne qui transforma ses nuits en cauchemars. La richesse n'a jamais fait le bonheur. Nous sommes sur terre pour subir des épreuves. Un jeune homme court, fait seize kilomètres à l'heure. Si j'essaye d'en faire autant, je m'arrêterais au bout de quelques centaines de mètres. Il faut un entraînement pour arriver à faire cette marche forcée. La vie est un entraînement et comme entraînement dans la vie, la nature nous donne des épreuves. Nous disons : « *pourquoi cette « tuile » vient-elle de tomber sur moi et non sur mon voisin ?* » On ne nous demande pas notre avis. Un employé qui fait consciencieusement son métier (métier qui l'ennuie) pendent quarante ans de sa vie, prend sa retraite, va habiter la campagne et jouit enfin d'un repos bien acquis. Au bout de six mois, il meurt ; il meurt parce qu'il n'a plus d'utilité sociale. Si cet être se mettait à enseigner ce qu'il a acquis par l'expérience, à faire connaître les épreuves par lesquelles il est passé, il resterait plus longtemps sur la terre. Plus nous voulons fuir les épreuves, plus il en vient d'autres. Voilà la vraie solution de la question.

Maintenant, est-ce que nous revenons plusieurs fois sur terre ? Nous ne voulons pas parler à cette heure de la Réincarnation [1].

Pour aujourd'hui, nous avons simplement voulu évoquer l'idée que nous avons autre chose à rechercher que le bonheur physique sur terre ; nous avons à y subir des épreuves et à tenter de les vaincre. SANS EPREUVES, NOUS NE SERIONS RIEN SUR TERRE.

---

1   Voir « *La Réincarnation* ». (Papus). L'évolution physique, astrale et spirituelle. L'esprit avant la naissance et après la mort. (Éditions Dangles).

L'Astral des choses.

On appelle astral, en Occultisme, toute relation entre le plan visible et le plan des forces invisibles qui circulent entre les astres. Ces forces se fixent sur les objets terrestres au moment de la conjonction ou de l'opposition de certains astres, si bien que tout objet terrestre est en relation constante avec le reste de l'univers.

À côté de ces actions, que nous pourrions appeler d'origine, de principe, les objets terrestres gardent autour d'eux l'influence des êtres et des choses avec lesquels ils ont été en relation. On peut donc dire, sans paraître anti-scientifique, que pour les occultistes les objets ont une âme, et qu'on peut classer cet astral des choses en trois parties :

1° Un astral de constitution, formé par les rapports astrologique et magique et les familles d'objets.

2° Un astral de fabrication et de transformation formé par la matérialisation du cliché de l'in-
venteur et de l'ouvrier ; c'est le rapport des objets
avec l'être humain.

3° Un astral de milieu, astral acquis, formé par
la réaction que l'objet du milieu extérieur par les
habitudes de l'objet, ce qui détermine ses goûts
et ses tendances.

L'objet devient ainsi une source d'énergie
spéciale et un générateur de clichés astraux.

Revoyons une à une ces diverses divisions :

Un objet qui parvient jusqu'à nous est le résultat d'une transformation humaine de métaux,
de végétaux ou de pierres. Supposons un bijou,
d'une part, un couteau, d'autre part.

Le bijou a été conçu par un cerveau humain,
d'après un cliché astral ; ce cerveau humain a
fondu l'or, gravé sur l'or l'image de sa pensée,
enchâssé l'or dans les pierres précieuses correspondant à la vue artistique du cliché, et enfin le
bijou est terminé. C'est d'abord un objet neuf.
Son astral se compose uniquement des fraîches
impressions reçues sous l'influence de son fabri-
quant et ses émanations astrales planétaires, in-

connues dudit fabricant. Ces émanations astrales vont donner au bijou des habitudes spéciales.

Sous l'influence de Mercure, le bijou aura une tendance étonnante au changement; la jolie femme qui en aura fait l'achat aura beaucoup de peine à ne pas le perdre. Ce bijou voudra toujours, astralement, changer de propriétaire.

Par contre, un autre bijou exécuté sous l'influence de la lune, aimera par dessus tout le repos, la vie de famille, c'est à dire la vie tranquille au milieu d'une foule d'autres bijoux. Or — il faut le dire tout bas — le séjour le plus agréable pour un bijou exécuté sous l'influence lunaire, c'est le Mont-de-Piété. Tout bijou qui a été pendant quelques mois au Mont-de-Piété, a une tendance, fâcheuse pour son possesseur, à y retourner le plus vite possible. Aussi, si l'on croit faire une bonne affaire en achetant un bijou d'occasion, on en fait quelquefois une très mauvaise effectivement, car ce bijou (et en général tout objet provenant d'une vente) introduit chez vous des tendances nouvelles qui, en s'accumulant, déterminent des « clichés » presque impossible à éviter.

Nous en avons un exemple dans une histoire récente.

Un romancier de valeur avait installé chez lui une admirable collection de gravures et de tableaux du XVIIIe siècle; tous ces objets provenaient d'achats faits chez des revendeurs et chacun d'eux avaient comme astral des habitudes bohèmes. Eh bien, malgré l'amour du possesseur pour sa collection, il a été entraîné, à son insu, par le goût de bohème de chacun de ces objets et il a été amené à tout mettre en vente et à tout disperser. Ce fut pour lui une excellente affaire d'argent: sa collection a été vendue plus d'un million alors qu'elle lui avait coûté à peine 300 000 francs. Au point de vue terrestre, matériel, c'était donc une bonne affaire; et ce qui nous intéresse, nous occultistes, c'est la cause de cette bonne affaire; cette cause réside dans l'amour du changement qu'avait chaque objet, habitué au milieu spécial de l'antiquaire.

S'il s'agit, non plus d'un homme gagnant bien sa vie, mais d'un malheureux qui, sous une apparence plus ou moins bien vernie, lutte en secret contre la destinée, les choses se compliquent. Tout objet acheté d'occasion, et sans en vérifier l'astral, chez un revendeur, a une tendance fatale à la vie de bohème des objets.

Voici une jeune femme, petite employée, qui a garni sa modeste chambre de quelques meubles achetés au hasard des rencontres. Or, cette employée ne pourra jamais rester plus de six mois dans le même logement ; elle est poussée, malgré elle, par les habitudes astrales de ses quatre meubles qui aiment la promenade et qui, faute de retourner chez le brocanteur, poussent leur propriétaire à jouer le rôle du juif-errant des logements.

Dans d'autres cas, les meubles qui ont connu une fois la douceur du changement sous l'influence de l'huissier, appellent cette influence de tout leur astral ; et pour avoir introduit chez lui un meuble provenant de ce genre de changement, sans le « désastraliser », le malheureux artiste ne se doute pas qu'il attire en même temps le papier bleu à vignette et toutes ses conséquences.

Ce que nous disons là paraîtra le résultat de rêveries aux profanes ; mais ceux qui ont été en relations plus ou moins étroites avec les forces occultes et leur origine nous comprendront parfaitement ; c'est pour eux que nous écrivons.

Les Religions ont le sens de toutes ces influences invisibles. Le catholique croyant, en se

mettant à table, fait une prière chargée d'enlever le mauvais astral qui peut entourer les mets
qu'il va absorber. En effet, le bœuf assommé, le
mouton égorgé dans l'atmosphère de terreur des
abattoirs modernes, emportent autour de chacun
des morceaux de leur corps, un astral de colère
et de vengeance. L'athée, l'ignorant prétentieux
qui se moque des Religions sans en comprendre
la haute origine, ingurgite bestialement, dans les
« désastraliser », ces morceaux d'animaux et fait
circuler en son mental les forces dissolvantes, la
haine et la colère qui entourent ses aliments. Et
pourtant, les aliments ne font que passer dans la
maison. Que dire d'objets mobiliers et de bijoux
dont l'influence constante inonde de ses rayons
le milieu d'habitation ?

Il est donc utile, pour celui qui sait, de psy-
chométrer les objets dont il veut faire son en-
tourage, de les charmer par la prière et l'encens,
de fixer l'astral fuyant et de réaliser pour l'objet
une nouvelle famille astrale où cet objet se trouve bien. C'est ce que fait inconsciemment l'artiste véritable qui forme son milieu d'objets de la
même époque, XVIe siècle, qui sont heureux de
se trouver ensemble, dont les formes harmoni-

ques constituent une véritable famille astrale, ce qui incite les objets à rester toujours côte à côte.

C'est là l'origine de ces meubles de famille du même style, même rococo, qui se transmettent de génération en génération et forment le fond d'un véritable mobilier familial.

Il existe donc une médecine astrale des objets, médecine peu connue des profanes, capitale à connaître au contraire pour l'occultiste ; et l'art de charmer les objets immatériels forme un chapitre peu connu, et cependant très important, de toute véritable magie pratique [2].

---

2   Voir à ce sujet, du même auteur : « *Traité méthodique de Magie Pratique* » (Éditions Dangles)

Qu'est-ce qu'une Apparition?

Les explications des phénomènes occultes donnés par la tradition ésotérique tirent surtout leur origine de la conception du monde invisible et du plan astral spéciale à l'occultisme.

Ce plan astral est aussi peuplé que le plan physique d'êtres aussi différents par leur origine et leur fin que les animaux, les végétaux, et les hommes de la Terre, et les voyants ont au début beaucoup de peine à se reconnaître dans cet amas grouillant et vivant.

En première ligne mentionnons les restes intellectuels des défunts, ce qui était Monsieur un Tel, Madame ou Mademoiselle une Telle sur la Terre, la personnalité (*persona*, le personnage,

---

3   Introduction à la troisième partie du volume « *la Magie et l'Hypnose* » (Éditions Traditionnelles).

l'acteur). Cet être, formé du corps astral comme corps et de l'Être psychique comme âme constitue, ce que l'occultiste appelle un ÉLÉMENTAIRE (et que le spirite appelle un esprit).

C'est là l'être réel. Mais toutes les actions, toutes les pensées actives que cet être a généré sur la Terre existent et sont photographiées pour ainsi dire dans le plan astral grâce à la vitalité que leur fournit un élémental. Avant de pénétrer jusqu'à l'Elémentaire. On trouve donc une foule de ces idées vivantes, de ces images réalisées autour de la personnalité qui les a générées. Ce sont là des IMAGES ASTRALES.

Les images astrales peuvent indiquer des faits ou des idées du passé et venir de la Terre ou au contraire être l'ébauche astrale des grandes idées futures sur le point d'être réalisés sur le plan terrestre, et alors ces images astrales viennent du monde des Principes ou Archétypes, de ce que les religions exotériques appellent le ciel. Il faudra encore bien distinguer ces deux genres de création.

Ainsi un assassin qui prémédite son crime génère en faisant le plan de son acte une série d'*images astrales* qui se dissoudront par la suite si le crime reste à l'état de projet. Mais, si l'exécution *vitalise* ces images, celles-ci, animées définitivement par les élémentals, restent dans l'atmosphère astrale du criminel et deviennent l'origine soit des remords sur la terre, soit du châtiment de l'individu après la mort.

Nous venons de parler des Élémentals. Les Élémentals sont des êtres invisibles et mortels dont la vie éphémère s'entretient aux dépens de certaines forces astrales et surtout de la force vitale. Ces êtres ne sont ni bons ni mauvais par eux mêmes, leur action dépendra uniquement de l'*idée* qu'ils seront chargés de faire vivre. On peut donc définir les Élémentals dans leur action sur l'homme des *Teintures d'idées*. Les Élémentals correspondent dans le plan invisible aux cellules dans le plan visible. Ce sont eux qui fournissent le corps (astral et invisible) aux idées et aux images des faits qui ne se perpétueraient pas sur le plan astral, sans leur fusion avec un élémental.

Supposons donc l'*apparition* (réelle, c'est à dire photographiable) d'une personne décédée depuis quelques années. Quelles peuvent être les causes réelles qui déterminent cette apparition par rapport au plan astral ? Nous pouvons maintenant nous en rendre compte.

1er Cas. — Cette apparition peut être produite réellement par l'Elémentaire de la personne décédée. Dans ce cas l'apparition peut agir, parler, et est très lumineuse (Fantôme d'Hamlet) et peut être vue de tous les assistants.

2e Cas. — Cette apparition peut être produite par une image de la personne décédée fixée dans l'astral. Elle correspond à l'image d'une personne dans un miroir. On la distingue de la précédente en ce qu'elle ne peut parler (fantôme de Banco, dans *Macbeth*) et qu'elle n'est vue généralement que des sujets très impressionnables alors qu'elle est invisible pour les autres assistants. Mais elle persiste longtemps et est lumineuse.

3e Cas. — Cette apparition est produite par l'idée des spectateurs momentanément vitalisée par un élémental. C'est le souvenir de la personne décédée qui prend corps, et dans ce cas l'apparition est peu nette, mal éclairée et fugace. De plus, une seule personne la voit, les autres ne verront qu'un brouillard vague, ou moins encore.

Ce 3ᵉ cas peut être produit soit par l'idée inconsciente que le spectateur a dans l'Esprit, par le *souvenir*, soit par l'action consciente d'un adepte des arts magiques.

On voit pourquoi l'occultiste est si réservé dans ses affirmations concernant l'influence plus ou moins réelle des restes spirituels du défunt dans une apparition. Il est bien entendu que nous ne parlons ici que des apparitions réelles, c'est à dire de celles qui peuvent impressionner une plaque photographique.

À côté de ces recherches de détails et de ces nombreuses causes d'erreur admises par l'occultisme, quelles sont les opinions des autres Écoles ?

Le spiritisme voit des Esprits dans tous les cas d'apparition et ne fait aucune différence entre les divers cas ; tout au plus admet-il qu'un « Esprit » peut se présenter à la place d'un autre.

Les expérimentateurs appartenant aux écoles scientifiques et pour lesquels ces phénomènes sont vrais, à la suite de recherches sérieusement poursuivies, ne parlent plus de l'explication par *hallucination* mise en avant par les savants qui jugent ces phénomènes sans les connaître. Il serait difficile en effet d'expliquer l'hallucination de la plaque photographique. On s'en tient donc aux constatations pures et simples et l'on attribue à une certaine *force psychique* ces faits encore étranges pour la science.

Les catholiques voient dans tous ces faits l'action du diable et mettent dans le même sac les apparitions, les expérimentateurs et les médiums. C'est là une grosse erreur qui ne peut que faire un tort énorme au catholicisme dont les membres éclairés devraient être les premiers à étudier ces faits qui relèvent de la mystique.

Le Temps humain et la Réincarnation.

Pourquoi nous figurons-nous qu'une seule existence terrestre est assez longue pour déterminer notre avenir spirituel?

Parce que nous avons une notion toute humaine du temps.

Une journée nous semble courte, et cependant elle suffit à la naissance, à la vie, aux luttes, aux souffrances, aux joies et à la mort d'un éphémère.

Or devant l'Éternel, les 60 à 80 ans d'une existence terrestre humaine, sont comme une seconde pour nous.

Le cœur humain bat en moyenne à raison de 60 pulsations à la minute, l'être humain respire 20 fois en moyenne.

Toute journée humaine est marquée par une période de veille et une période de sommeil. Tels sont les principaux éléments du Temps humain.

La Terre, qui est un être vivant possède une notion personnelle du Temps.

Une rotation terrestre complète, qui demande vingt-quatre heures, permet à la Terre de faire une aspiration et une expiration de fluide solaire, et pendant ce temps, le cœur terrestre, sous l'action qui se font les marées, a eu une pulsation de montée et une de descente.

Une heure pour la Terre correspond à un jour pour l'Homme.

Un jour terrestre marqué par le passage de la Terre d'une ligne à l'autre ou par une révolution lunaire complète.

Cela fait un mois pour l'homme.

Un mois terrestre comprend quatre phases : Printemps ou matin de la Terre, Eté ou midi de la Terre, Automne ou soir de la Terre, enfin Hiver ou nuit de la Terre. Le mois de la Terre répond donc à un an de l'homme (...)

Un jour pour l'homme est une minute pour le soleil.

Un mois pour l'homme est une heure du soleil.

Un an humain est un jour de soleil ou un jour et une nuit des dieux.

Enfin un an de soleil correspond à 360 années humaines et forme l'unité de l'année divine.

Les Indous ont calculé des temps encore plus considérables.

L'année solaire comprend, nous l'avons dit, 360 années humaines, et ce nombre donne l'année divine.

Un jour de Brahma comprend 12 000 années divines ou 4 320 000 000 (4 milliards 320 millions d'années humaines).

Un jour et une nuit de Brahma comprend le double c'est-à-dire 24 000 années divines ou 8 640 000 000 d'années humaines. Cette période forme un Kalpa (un jour et une nuit de Brahma).

Le Kalpa se divise en 4 périodes ou âges :

Krita-Yuga, Treta-Yuga, Duapara-Yuga et Kali-Yuga de durées différentes.

L'année de Brahma comprend 360 nuits et jours de Brahma.

Comme Brahma vit cent ans, cela donne le joli chiffre de 311 040 000 000 000 d'années humaines.

Et cependant ce nombre d'années humaines représente un clignement de l'oeil de Vichnou !

On voit tout de suite ce que sont les 80 ans de la vie d'un homme pour être de l' « appartement » de Brahma, et ces êtres existent.

Chacune des grandes périodes est accompagnée de transformations des continents planétaires, dont le détail serait intéressant, mais sortirait de notre sujet.

La loi de réincarnation enseigne la patience. Nous avons assez de temps devant nous pour ne pas trop nous presser.

L'important est de bien faire dans chaque existence ce que nous ne voulons pas être obligé de venir achever dans une existence ultérieure.

On ne peut fixer un terme à la réincarnation comme on ne peut fixer un terme positif à la Vie humaine.

Il est des êtres humains qui passent deux ans sur la Terre avant de repartir et d'autres qui y passent cent ans.

De même il est des esprits qui se réincarnent tout de suite après la mort et d'autres qui attendent 1000 ans pour le faire avec toutes les données intermédiaires.

Il est donc inutile de fixer des chiffres, et ceux qui affirment qu'on met 1500 ans avant de se réincarner disent une erreur dont ils se rendront compte plus tard.

J'ai pu voir un petit fils qui était la réincarnation de son grand père, lequel avait dit: *« Après moi, la fin du monde »*. Il venait, comme petit fils, récolter l'intérêt des ennuis qu'il avait causés à sa famille antérieurement. Mais un voile est placé sur les yeux des incarnés et il est interdit de savoir qui l'on a été.

De la méconnaissance de cette loi découlent une foule d'erreurs.

Les pauvres êtres terrestres qui étudient cette loi de réincarnation prennent souvent pour des souvenirs réels les mirages de leur imagination.

Un enfant mort peut revenir dans sa famille à la demande de l'enfant et de ses parents, et nous en connaissons beaucoup d'exemples.

Ces quelques notions sur la réincarnation permettront de ne jamais trouver le temps long puisque nous ne savons pas ce qu'est le Temps et il y a comme cela beaucoup de choses que nous ignorons.

TABLE DES MATIÈRES

CHAPITRE IV
Section du Taureau

EPILOGUE